L'informatica per lavorare insieme

LA RIVOLUZIONE DEL GROUPWARE NELLA PA

Dalla condivisione delle informazioni,
allo sviluppo della conoscenza.

Vincenzo G. Calabrò

LA RIVOLUZIONE
DEL GROUPWARE NELLA PA

Autore: Vincenzo G. Calabrò

2007 © Lulu Editore

ISBN 978-1-4461-2502-1

Novembre 2010 Seconda edizione

Distribuito e stampato da:
Lulu Press, Inc.
3101 Hillsborough Street
Raleigh, NC 27607
USA

INDICE

E debbasi considerare come non è cosa
più difficile a trattare che farsi
capo ad introdurre nuovi ordini.
Perché lo introdurre ha per nimici
tutti quelli che delli ordini vecchi
fanno bene, et ha tiepidi difensori
tutti quelli che delli ordini nuovi
farebbero bene.

Nicolò Machiavelli

PREMESSA

Lo studio ha interessato le principali attività connesse al funzionamento degli Uffici della Pubblica Amministrazione. In particolar modo è stato enfatizzato il problema legato all'introduzione delle nuove tecnologie e la loro effettiva efficacia.

Lo sviluppo delle tecnologie informatiche ha in passato mirato alla automatizzazione di processi stabili che consentono di raccogliere e mantenere le informazioni in modo fortemente strutturato, come, ad esempio, quelli amministrativi o di pianificazione e gestione della produzione.

Questo sviluppo ha dato luogo alla realizzazione di software che non è stato progettato tenendo in conto della cooperazione che molte attività lavorative richiedono per essere svolte; l'utilizzo contemporaneo da parte di più utenti degli stessi archivi e delle stesse procedure elettroniche è spesso realizzato facendo lavorare ciascuno di essi in un ambiente "isolato", simulando in ogni momento una mono-utenza e gestendo "dietro le quinte" gli eventuali conflitti che questo modo di lavorare può generare.

Lo sviluppo della competizione tra le aziende e la conseguente necessità di abbreviare i tempi di decisione e di gestione delle informazioni ha mostrato i limiti di questo modo di lavorare e ha portato a chiedere nuovi strumenti all'informatica.

GLI STRUMENTI

La richiesta del mondo del lavoro ha portato allo sviluppo di tecnologie hardware e software, senza le quali il groupware non avrebbe mai potuto svilupparsi in senso compiuto: PC di elevate prestazioni, reti a banda larga, archivi elettronici multimediali condivisi sono componenti dell'informatica distribuita che costituiscono un prerequisito per lo sviluppo del groupware e che solo negli ultimi anni sono arrivati ad un processo di sviluppo soddisfacente.

Di seguito saranno illustrati i principali.

Intranet: l'inizio di una rivoluzione

Il repentino sviluppo di Internet è stato ampiamente trattato dai media ed è indubitabile che l'uso sempre maggiore delle tecnologie Internet stia trasformando il modo in cui le aziende comunicano con i propri dipendenti, clienti e fornitori: le intranet, appunto. In sostanza, le aziende hanno scoperto che gli utenti possono utilizzare per la propria rete interna, ovvero la intranet, le stesse tecnologie che hanno decretato il successo di Internet.

Cos'è una intranet?

Internet è composta da diverse reti connesse l'una all'altra fino a formare una rete globale nella quale è consentita la comunicazione tra computer situati su reti diverse. La tecnologia su cui si basa Internet comprende il protocollo TCP/IP e la commutazione di pacchetto, questi consentono ai diversi tipi di computer di condividere le stesse informazioni. Più semplicemente una intranet è l'applicazione delle tecnologie Internet all'interno di una rete privata LAN (rete locale) o WAN (rete estesa) di un'organizzazione.

Le cause del rapido sviluppo delle intranet

Attualmente il sistema intranet sta compiendo notevoli passi in avanti nel processo di condivisione delle informazioni, offrendo agli utenti un sempre maggiore controllo della creazione e distribuzione dei contenuti. La presenza di una intranet fa sì che gli utenti interni a un'organizzazione non ricoprano più il solo ruolo di fruitori delle informazioni, ma anche di fornitori.

Inoltre l'enorme sviluppo e diffusione delle soluzioni correlate a Internet ha improvvisamente trasformato le dinamiche del mondo informatico aziendale. Le aziende non devono più basarsi su un unico sistema operativo dato che le tecnologie (per esempio il protocollo TCP/IP) sono indipendenti dalle piattaforme. Gli utenti quindi, possono scegliere di lavorare con un Macintosh, un PC o un computer con sistema operativo Unix.

In un tradizionale ambiente costituito da più piattaforme l'utilizzo di una intranet permette di uniformare la comunicazione.

I Vantaggi delle Intranet

Le intranet hanno reintrodotto la concorrenza nel mercato della produttività delle grandi aziende facilitando la riduzione delle spese aziendali per l'hardware e il software. La tecnologia Internet segue una serie di standard aperti ben documentati e facilmente disponibili come supporto agli sviluppatori di software. Ciò a sua volta incoraggia lo sviluppo di soluzioni per intranet convenienti e facili da implementare. Infatti, per la navigazione all'interno di una intranet, è possibile utilizzare i browser universali come Netscape Navigator e Microsoft Internet Explorer che permettono di eseguire le seguenti operazioni:

- Visualizzare i documenti creati su piattaforme diverse.

- Creare o rivedere contenuti.

- Partecipare a dibattiti on line.

- Visualizzare presentazioni multimediali e interagire con esse.

- Accedere facilmente ad Internet.

Verso un'azienda libera dalla carta

Dato che le intranet semplificano la comunicazione aziendale, gran parte delle aziende sostiene che grazie a ciò sarà possibile ridurre i costi giornalieri del materiale stampato. Molte organizzazioni che hanno gia introdotto una intranet nella propria struttura stanno scoprendo come le nuove tecnologie possano migliorare il bilancio finale dell'azienda.

Diviene allora evidente come le intranet offrano un accesso immediato alle informazioni riducendo la quantità di carta che circola e si accumula in un'azienda. Gran parte delle aziende possono trarre vantaggi consistenti da una intranet: la via più veloce consiste nell'inserire tutti i manuali e i documenti relativi all'ufficio del personale nel sito Web interno. Dato che i costi di produzione, aggiornamento e distribuzione delle informazioni aziendali influiscono direttamente sui profitti dell'azienda, il formato elettronico delle informazioni ha come effetto una riduzione immediata dei costi. Va ricordato, inoltre, che le informazioni su supporto cartaceo spesso sono obsolete già al momento della loro distribuzione e che molti destinatari non hanno bisogno di questi documenti che

vengono archiviati senza ulteriori
consultazioni. Grazie alla riduzione delle
esigenze di stampa e dei relativi costi di
distribuzione, l'implementazione di una
intranet comporta risparmi consistenti in tutti
gli ambiti aziendali. Le informazioni inoltre si
renderanno accessibili ai singoli dipendenti a
seconda delle loro necessità individuali.

DEFINIZIONI

Dati questi sviluppi, possiamo definire groupware l'insieme delle tecnologie, degli strumenti e delle metodologie informatiche che consentono a un gruppo di lavoro di facilitare e razionalizzare le attività delle persone che lo compongono, in modo da arrivare ad un risultato comune.

Come tutte le definizioni generali, anche questa per qualche verso è un poco generica; essa assume tuttavia maggiori contenuti se si specificano quali sono le attività facilitate dal groupware e quali sono i risultati che possono essere raggiunti più facilmente con il suo utilizzo.

Facendo riferimento ad uno schema semplice di collegamento di vari utenti in una rete di PC, le attività che sono semplificate e stimolate dagli strumenti di groupware riguardano:

- Le basi di dati numeriche, testuali, multimediali;

- l'utilizzo di programmi applicativi;

- la messaggistica, dalla posta elettronica alla teleconferenza;

- le attività comuni;

- la comune scelta di idee e di soluzioni.

Gli strumenti di groupware aiutano le organizzazioni a lavorare sui processi, supportando la condivisione di informazioni, la comunicazione, la pianificazione delle attività e la decisione comune.

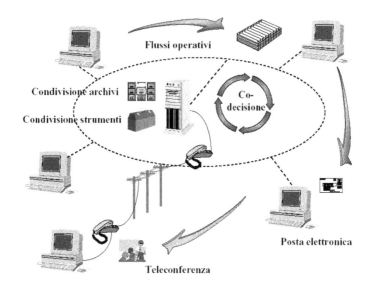

Le attività del groupware

Gli obiettivi tipici di una attività di gruppo sono quelli relativi a problemi che richiedono competenze multidisciplinari e capacità di realizzare soluzioni articolate, che analizzino tutti gli aspetti del problema.

Fino alla metà degli anni '80, le attività naturalmente destinate al lavoro di gruppo erano quelle relative al project management, sia connaturate al "core business" dell'azienda (società di ingegneria, società di consulenza, ecc.) sia legate alla realizzazione di investimenti e di innovazioni in qualsiasi tipo di azienda.

L'accelerazione della concorrenza che si è manifestata dalla fine degli anni '80, in virtù della maggior facilità di comunicazione e di interscambio delle varie economie mondiali, ha mostrato la necessità di estendere il modo di lavorare "per progetti" anche a quelle attività quotidiane che richiedono la gestione di complessità elevate.

Il project management ha evidenziato che la riduzione dei tempi di risposta di una organizzazione alle sollecitazioni esterne passa attraverso l'ottimizzazione di due grandezze: l'efficienza e la flessibilità.

La prima consiste nel realizzare le stesse attività in tempi sempre più ridotti: a questo fine è stata utilizzata ampiamente l'informatica "tradizionale", mirando a sostituire il lavoro umano con lo svolgimento di procedure elettroniche e/o con automazione industriale.

La seconda si realizza invece scomponendo un processo aziendale nelle attività che lo costituiscono e cercando di rendere il più possibile parallelo il loro svolgimento, in modo da avvicinare la data di fine processo: a questo mira soprattutto il groupware.

Naturalmente entrambe le grandezze vanno governate, anche perché le azioni da porre in essere per ottenere ciascuna di esse potrebbero essere contrastanti, ed i risultati migliori si ottengono con una loro opportuna armonizzazione.

Le organizzazioni aziendali di tipo funzionale sono solitamente costruite per ricercare soprattutto l'efficienza e penalizzano i risultati in termini di flessibilità. Per questo, stimando che la flessibilità dia maggiori vantaggi rispetto all'efficienza, molte aziende hanno nel recente passato dato maggiore enfasi ad una organizzazione "per processi", operando mediante gruppi di lavoro multidisciplinari: ognuno di essi si occupa di uno o più processi aziendali, prendendo in considerazione tutti gli aspetti che lo caratterizzano. In questo modo si sostituiscono a strutture di tipo gerarchico, solitamente rigide, strutture "leggere" – i gruppi di lavoro – che si compongono e si scompongono secondo le esigenze e che sono in grado di controllare tutte le attività di un processo.

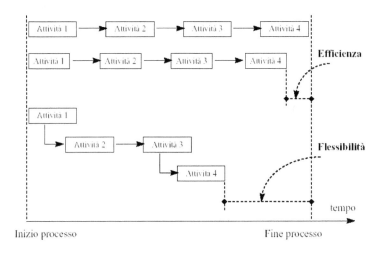

Efficienza e flessibilità di un processo

Dalla definizione data in precedenza, si intuisce che il groupware può giocare un ruolo fondamentale in questa evoluzione organizzativa, consentendo alle persone di collaborare meglio, riducendo i vincoli organizzativi di tempo e di spazio, che ostacolano i meccanismi di sviluppo delle attività di gruppo.

A questo proposito, la scelta degli strumenti di groupware deve tener presente due aspetti importanti della partecipazione dei vari componenti al gruppo di lavoro: il grado di "presenza" temporale di ciascuno di essi al lavoro comune e la distribuzione fisica degli utenti in uno o più luoghi di lavoro.

La durata di un processo si governa con l'efficienza e con la flessibilità.

Nel caso più semplice, in cui tutti i componenti del gruppo lavorano sempre nello stesso tempo e nello stesso luogo, l'utilità degli strumenti di groupware è molto limitata. Appare tuttavia evidente che l'ipotesi precedente è puramente teorica o è riconducibile alla gestione di processi molto semplici; nei casi reali, l'utilizzo del groupware consente e facilita trasmissioni asincrone, permettendo quindi ai componenti del gruppo di lavoro di partecipare al processo in tempi differenti, e offre strumenti che consentono di superare in modo pratico e sicuro i vincoli della distanza.

È importante sottolineare, a questo proposito, che le richieste di intervento generate da questi strumenti possono essere rivolte non solo alle persone costituenti il gruppo di lavoro ma anche a programmi software che fanno parte del sistema di groupware: il verificarsi di un evento può far intervenire automaticamente altre procedure automatizzate, anche appartenenti a soluzioni di informatica "tradizionale".

LE APPLICAZIONI

La classificazione delle applicazioni di groupware può essere condotta esaminando i processi aziendali che si intendono governare; questi si definiscono:

- strutturati, quando la sequenza dei contributi dei vari componenti del gruppo di lavoro è inquadrabile in un modello predefinito, che ne assegna ordine e tempi di realizzazione;

- destrutturati, quando questo modello non è definito a priori, ma tempi e modalità di intervento dipendono dalla dinamica stessa della collaborazione all'interno del gruppo di lavoro.

Nei processi strutturati, la pianificazione è fondamentale per descrivere e coordinare il flusso delle attività, per specificare le loro relazioni e interdipendenze, per descrivere gli oggetti che costituiscono lo scambio di informazioni (i dati, i documenti, i disegni, i programmi, ecc.) e per assegnare ruoli e responsabilità di realizzazione.

In questo tipo di processi, l'obiettivo del lavoro di gruppo è frequentemente costituito dal coordinamento di attività che si basano sul movimento di documenti tra le varie unità organizzative dell'azienda e sulla loro elaborazione.

Nell'ambito dei processi strutturati, gli strumenti di groupware costituiscono il "tessuto connettivo" delle varie attività, consentendo la loro pianificazione ed il relativo controllo.

L'origine del processo è legata all'accadimento di un evento, che costituisce la "pietra miliare" di partenza: quando questo evento capita, nell'applicazione groupware si costruisce il dossier elettronico che lo formalizza e lo si instrada al primo ufficio che, secondo la procedura prevista, deve elaborarlo.

Ad operazione compiuta, il dossier, arricchito dalle informazioni e dalle elaborazioni compiute nel primo ufficio, viene instradato alla successiva unità organizzativa, e così via fino al completamento di tutto il processo secondo lo schema.

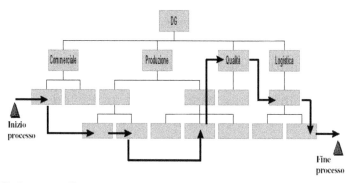

Schema di un processo strutturato

Questo schema rende conto del termine workflow con cui vengono spesso identificati sia questo tipo di processi che gli strumenti di groupware utilizzati per gestirne lo svolgimento.

Le applicazioni di groupware si differenziano a secondo dell'utilizzo per processi strutturati o destrutturati.

L'appartenenza dei processi aziendali alla categoria di quelli destrutturati frequentemente non dipende tanto dall'impossibilità di definire uno schema di workflow, quanto da considerazioni di tipo economico: quando il processo è troppo complesso, la definizione di un workflow è troppo onerosa e costringe a semplificazioni che non rendono la realtà e possono portare a risultati insoddisfacenti.

In questi casi, non si prescinde dagli strumenti di gestione del workflow ma ad essi vanno affiancati altri strumenti che consentono lo sviluppo contemporaneo di attività da parte dei vari componenti del gruppo di lavoro, senza che le loro idee siano costrette in uno schema precostituito.

Questi strumenti sono classificabili in due gruppi:

- il primo è costituito dai software che sono in grado di analizzare la "conversazione" tra i partecipanti al gruppo di lavoro (purché sia condotta nel rispetto di regole formali predefinite) e di consegnarne il risultato ai programmi di workflow;

- il secondo è caratterizzato da sistemi che sono in grado di emulare gli incontri tra diversi componenti del gruppo di lavoro, consentendo l'interazione diretta di persone distanti tra loro.

In realtà anche i processi di tipo strutturato hanno spesso caratteristiche non prevedibili, legate all'accadere di eccezioni rispetto a quanto pianificato. Come detto, gli strumenti di workflow non mirano a sostituire l'intervento umano coinvolto nel processo collaborativo, ma si dedicano al coordinamento delle attività, agevolando la realizzazione dei compiti e senza diminuire la capacità operativa degli utenti. Per questo, quando si verifica una eccezione, viene riconosciuta come tale dall'operatore umano, che interrompe il flusso di lavoro pianificato e si dedica alla soluzione del problema; in funzione della gravità di questo, l'operatore può avere il supporto degli altri componenti del gruppo e/o di competenze derivanti da consultazioni esterne. Solo dopo la soluzione del problema, il flusso del processo può riprendere il suo corso, recuperando il cammino precedente o intraprendendo un nuovo percorso definito al momento.

Gli strumenti di groupware non sostituiscono il lavoro umano ma lo rendono più flessibile e collaborativo.

Questi processi di tipo misto, in cui attività strutturate si alternano ad attività decisionali, possono ancora essere affrontati con sistemi di workflow – grazie alle funzionalità di revisione, modifica e delega delle procedure di cui sono dotati – a patto che essi siano opportunamente integrati con sistemi di comunicazione tra i vari membri del gruppo di lavoro; questi devono consentire di supportare il confronto reciproco e di arrivare alle decisioni che sbloccano i "colli di bottiglia".

In queste applicazioni, lo strumento di workflow non si limita quindi all'instradamento automatico delle informazioni e dei documenti, ma è utile anche per:

- monitorare il corretto svolgimento delle singole attività, tenendone traccia;

- avvisare l'utente dell'arrivo di attività da svolgere, fornendogli le informazioni necessarie per il suo svolgimento e le scadenze di realizzazione per il rispetto dei piani;

- lanciare l'esecuzione di procedure automatizzate, che inseriscono il risultato delle loro elaborazioni all'interno del dossier elettronico del progetto;

- segnalare gli scostamenti tra le attività pianificate e quelle effettivamente realizzate;

- consentire, anche con strumenti grafici, un rapido disegno del flusso del processo, impostando una sequenza di attività che riduca al minimo il tempo totale di svolgimento e/o preservi le risorse dal presentarsi di "colli di bottiglia";

- gestire la sicurezza e l'integrità dei dati

e delle informazioni.

In sintesi possiamo dire che le applicazioni di groupware consentono di gestire, con andamento crescente di complessità, la comunicazione tra componenti di un gruppo di lavoro, il loro coordinamento e la realizzazione di attività comuni (cooperazione).

Dopo aver esaminato il percorso da seguire per l'introduzione di strumenti di groupware in azienda, esamineremo in dettaglio le peculiarità di questi tre gruppi di attività.

INTRODURRE IL GROUPWARE IN AZIENDA

L'introduzione di un sistema di groupware in azienda può essere utilmente separata in due fasi logiche:

- lo sviluppo dell'architettura e dei componenti del sistema;

- l'effettiva implementazione all'interno della organizzazione.

Solo apparentemente la prima fase è caratterizzata prevalentemente da componenti tecnologiche e la seconda da componenti organizzative; infatti un progetto di questo tipo richiede la presenza di competenze in vari settori e solo tramite la realizzazione di entrambe le fasi ad opera di un gruppo di lavoro multidisciplinare si può pensare di arrivare ad un risultato positivo.

Il primo passo da compiere è la scelta del prodotto di groupware da utilizzare tra quelli disponibili sul mercato; in questa scelta devono pesare non solo le caratteristiche tecnologiche e funzionali dell'applicazione da realizzare ma anche le caratteristiche degli utenti che la devono utilizzare. A parità di esperienza informatica dell'organizzazione e di tecnologie già esistenti, diverso è realizzare una applicazione per un gruppo di tecnici di progettazione rispetto a costruire un workflow per gestire un processo di vendita.

La realizzazione di un progetto di groupware è un processo che ha componenti tecnologiche ed organizzative fortemente interconnesse.

In ogni caso, la realizzazione di un sistema di groupware presuppone l'esistenza di capacità di elaborazione distribuita (personal computer) e l'interconnessione delle macchine tramite una rete di comunicazione.

Nel valutare l'introduzione del groupware occorre tener presente le prestazioni richieste a queste componenti affinché il lavoro degli utenti possa essere proficuo; in particolare, per quanto riguarda la rete, bisogna verificare che la velocità di trasmissione sia tale da consentire lo scambio non solo di dati e di testi, ma anche di immagini, fisse e in movimento, e di suoni. Quando queste caratteristiche sono richieste, deve ovviamente essere adeguata l'infrastruttura informatica hardware e software.

In secondo luogo è necessario verificare l'aderenza di questa infrastruttura a standard internazionali, sia per quanto riguarda l'interoperabilità e la portabilità delle applicazioni su tutto l'hardware facente parte del sistema, sia per quanto riguarda i protocolli di comunicazione.

In termini di struttura organizzativa, il groupware risulta funzionale ad una evoluzione dell'azienda verso un appiattimento dei livelli gerarchici e ad una maggiore focalizzazione nel controllo delle attività e dei processi. In una azienda di questo tipo si instaurano rapporti tra i componenti del gruppo di lavoro basati più sul riconoscimento delle capacità professionali che sul potere gerarchico: in questo caso diventa molto spesso superfluo avere un forte controllo centralizzato. Gli stessi componenti del gruppo di lavoro si responsabilizzano al rispetto dello svolgimento dei compiti entro le scadenze stabilite e stimolano i meccanismi di coordinamento e decisione. La decisione non viene più assunta da una semplice interazione tra responsabile e subordinato, come capita nell'impresa gerarchica, ma deriva da un processo di negoziazione tra le varie parti coinvolte, dando origine ad un numero elevato di interazioni tra le persone.

Per questo, uno dei primi problemi che solitamente ci si trova ad affrontare riguarda l'"addestramento" delle persone ad avere rapporti interpersonali non solamente diretti, ma anche mediati dalla comunicazione tramite computer.

Un secondo punto riguarda l'accettazione e l'assimilazione della nuova tecnologia da parte dei singoli e dell'organizzazione nel suo complesso. Sotto questo profilo, il groupware può trovare gli stessi ostacoli che ha incontrato la diffusione di altri strumenti informatici nell'automazione del lavoro d'ufficio: il rischio non risiede tanto in un rifiuto a priori dell'utilizzo di nuovi strumenti, quanto nell'inerzia dei comportamenti, per cui si tende a mantenere il "vecchio" modo di lavorare anche in presenza di nuove opportunità.

Questa inerzia può essere accentuata dalla necessità di far convivere, per un tempo significativo, il sistema tradizionale di gestione delle informazioni, basato soprattutto sulla carta, con quello puramente elettronico previsto dal groupware. Solo con gradualità si può infatti pensare di trasferire su supporto informatico la mole di documenti esistenti, non tanto per ragioni tecnologiche quanto per motivi economici e di praticità. Questa doppia gestione è causa di inefficienza e di macchinosità ed induce alcune persone a tornare alle abitudini tradizionali.

Per la buona riuscita del progetto è quindi necessario prevedere un opportuno programma di formazione degli utenti sui nuovi strumenti da utilizzare; è utile infatti che ogni persona abbia una sufficiente comprensione non solo delle funzionalità degli strumenti, ma anche dei meccanismi di comunicazione che essi implicano. Il problema non è solitamente di rapida soluzione, perché coinvolge anche la sfera comportamentale delle persone.

Dal momento che, come abbiamo visto, si tratta di stimolare cambiamenti organizzativi e culturali, è impensabile che la realizzazione di un sistema di groupware possa concludersi con la sua introduzione in azienda.

Al contrario dei sistemi "tradizionali", in cui un uso troppo spinto dell'approccio prototipale, può portare ad effetti negativi per lo sviluppo finale, con i sistemi di groupware è dall'impiego pratico che si chiariscono via via le reali esigenze degli utenti e che nascono le modifiche da apportare al progetto iniziale.

Tenendo presenti le caratteristiche descritte in precedenza per gli strumenti di workflow, si può stabilire un confronto tra lo sviluppo di un progetto di groupware e lo sviluppo di procedure informatiche complesse con strumenti tradizionali.

Nel caso di groupware, invece di avviare un progetto organico di automazione che copra tutte le fasi del processo, si possono costruire programmi locali più "leggeri" e più semplici, gestiti direttamente dalle unità organizzative che poi devono utilizzarli; al sistema di groupware rimane il compito di collegare questi programmi "locali" e di coordinarli al momento dell'esecuzione. Ad un unico programma globale si sostituiscono una serie di procedure semiautomatiche, opportunamente inquadrate affinché siano in grado di coprire tutte le attività del processo.

Come detto, la flessibilità degli strumenti di groupware dipende dal fatto che non si pretende di sostituire l'opera degli uomini che intervengono nelle varie attività, ma si rende più agevole lo sviluppo di queste e si razionalizza il lavoro di collaborazione.

È meglio invece continuare a procedere sulla via degli strumenti tradizionali in quei casi in cui il processo è totalmente automatizzabile, perché non è richiesto l'intervento umano per alcun tipo di decisione destrutturata.

GROUPWARE: LA COMUNICAZIONE

La comunicazione nel groupware riguarda due tipologie fondamentali di strumenti:

- quelli relativi allo scambio di messaggi elettronici (messaggistica);

- quelli che consentono l'emulazione di incontri faccia a faccia (teleconferenza).

Nell'ambito della messaggistica, la posta elettronica (e-mail) è sicuramente lo strumento che ha avuto la maggior diffusione, in virtù di alcune sue caratteristiche.

Innanzitutto, al contrario del telefono, opera in modo asincrono e non interrompe quindi il lavoro di chi la usa; allo stesso tempo consente però tempi di replica quasi immediati.

Offre inoltre un eccellente livello di interoperabilità con i principali prodotti di office automation per il trattamento di testi, per la gestione di spreadsheet e di database.

Presenta infine un'ampia flessibilità di impiego perché non obbliga a rispettare rigide procedure di lavoro, pur consentendo di assegnare priorità alle varie comunicazioni e di gestire il rispetto dei vincoli di sicurezza e riservatezza.

Questa semplicità d'uso comporta talvolta degli svantaggi: può risultare infatti difficile per l'utente mantenere una continuità di dialogo, associando correttamente i messaggi inviati a quelli ricevuti, soprattutto quando è elevato il numero degli interlocutori coinvolti. La criticità cresce quando vari utenti sono abilitati a modificare i documenti scambiati, perché diventa allora difficile capire il grado di aggiornamento delle varie versioni esaminate. Gli strumenti più evoluti di posta elettronica sono in grado di gestire "attivamente" questi problemi, consentendo all'utente di ricostruire la storia del documento.

La diffusione di Internet ha costituito e sta costituendo un forte fattore di sviluppo nell'utilizzo della posta elettronica, al punto da confondere e identificare la sua definizione con quella stessa di groupware.

Per quanto riguarda l'utilizzo di strumenti che consentono l'emulazione di incontri faccia a faccia, legati alla trasmissione contemporanea di immagini in movimento e di suoni, va evidenziato che la loro diffusione dipende dalla disponibilità e dalla economicità di reti di comunicazione geografica.

GROUPWARE: IL COORDINAMENTO

Gli strumenti delegati al coordinamento del lavoro dei vari componenti del gruppo sono quelli di pianificazione automatica dei processi (Workflow Management System), che hanno il compito di integrare e armonizzare i contributi dei singoli.

Tipicamente essi consentono di mantenere aggiornati, in modo asincrono, i vari partecipanti sullo stato di avanzamento del lavoro del gruppo e sono in grado di innescare interventi quando si verificano situazioni che possono compromettere il raggiungimento del risultato; ad esempio, la mancanza di risorse per consentire il rispetto delle date di scadenza o la richiesta di un contributo cui rispondere sollecitamente per sbloccare una attività che fa da "tappo" al regolare svolgimento del flusso di lavoro.

Spesso si è portati a considerare il coordinamento come una attività da affrontare con il buon senso, cioè con un approccio empirico; ciò può funzionare quando il numero di interdipendenze tra le attività è limitato. Al crescere di questo numero e al sostituirsi di attività sequenziali con attività simultanee e/o con attività che richiedono la condivisione delle risorse, l'affrontare il coordinamento solo con il buon senso può portare a risultati insoddisfacenti.

Se, come abbiamo fatto in precedenza, consideriamo l'azienda come un insieme di processi e definiamo l'organizzazione come l'attività tramite la quale si cerca di ottimizzare lo svolgimento di questi processi o, quantomeno, dei principali, gli strumenti di groupware per il coordinamento non costituiscono solo un ausilio ad una più efficiente e puntuale gestione delle attività ma costituiscono anche un forte stimolo ad una razionalizzazione dei flussi di lavoro. Costringono infatti le varie parti coinvolte ad una accurata analisi, volta ad individuare le varie attività del processo, a pianificarne lo svolgimento nel tempo, tenendo conto delle dipendenze e delle interrelazioni, e ad assegnare la responsabilità di svolgimento a specifiche persone o organi aziendali. In poche parole, favoriscono la traduzione degli obiettivi della organizzazione in precisi impegni personali dei partecipanti al gruppo di lavoro.

Lo schema logico per definire il percorso che conduce dalla definizione degli obiettivi (e dei vincoli) del processo da realizzare alla sua pianificazione dettagliata è riportato in Figura.

Le varie fasi non vengono solo percorse sequenzialmente; sono necessari dei ritorni su fasi precedenti per l'aggiustamento del piano in funzione della effettiva disponibilità di risorse.

La gestione degli impegni è realizzata con uno strumento di agenda elettronica, in cui vengono registrati, in modo simile a quanto si farebbe con una agenda cartacea, gli obiettivi di ogni persona; ciascuno può far parte contemporaneamente di più gruppi di lavoro ed avere quindi attività che posso andare in conflitto temporale.

Il vantaggio sostanziale dell'agenda elettronica sta nel fatto che il semplice aggiornamento di una attività o di una scadenza può generare automaticamente l'avvio di altre attività e la verifica del piano di lavoro del gruppo coinvolto.

Un vantaggio accessorio, ma di non poco conto nella gestione di gruppi di lavoro numerosi, risiede nel fatto che uno strumento di questo tipo facilita l'organizzazione degli incontri (reali o emulati) perché rende visibili le disponibilità di tempo di ciascun componente.

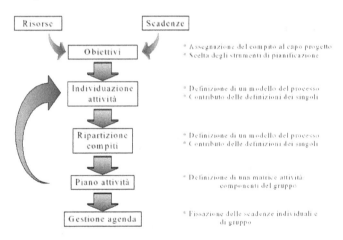

Schema di pianificazione di un processo

GROUPWARE: LA COLLABORAZIONE

Gli strumenti di groupware utilizzati per realizzare in gruppo un "prodotto finito" possono essere classificati in due tipologie fondamentali:

- quelli di sviluppo di documentazione;

- quelli di sviluppo di soluzioni.

Quando la realizzazione di un documento richiede la partecipazione di più autori, è necessario stabilire una regolamentazione degli accessi di ciascuno di essi al documento stesso ed una metodologia di aggiornamento delle modifiche che vengono via via apportate. Semplificando, si può dire che gli strumenti di groupware del primo gruppo realizzano queste funzioni combinando la gestione di database multimediali con tecniche di posta elettronica evoluta.

Il processo di sviluppo congiunto di documentazione può essere schematizzato secondo quanto riportato in Figura.

Nella prima fase (ideazione) e nella terza (completamento) si presentano le maggiori necessità di interazione tra i vari componenti del gruppo di lavoro e l'eventuale richiesta di apporti esterni; l'utilizzo di strumenti di groupware consente da un lato di annullare le distanze fisiche e gli sfasamenti temporali tra il lavoro dei vari autori e dall'altro consente una visibilità continua sullo stato di avanzamento delle varie parti del documento, con la possibilità di intervenire con commenti e/o modifiche.

Gli strumenti di ultima generazione consentono di gestire documenti ipertestuali contenenti oggetti di varia natura, quali immagini, filmati, suoni, ecc., e lasciano agli autori la libertà di utilizzare il proprio software preferito per il trattamento dei testi, preoccupandosi poi di rendere compatibili i vari contributi in modo trasparente.

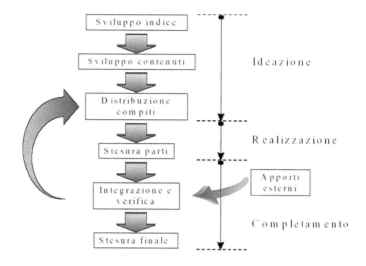

Schema di sviluppo congiunto di documentazione

Più articolati e difficilmente schematizzabili in modo generale sono i flussi dei processi volti allo sviluppo congiunto di soluzioni. I sistemi di groupware forniscono, in questo caso, strumenti informatici a supporto dell'analisi e della realizzazione che coinvolgono più persone, ognuna delle quali fornisce un contributo derivante dalla propria competenza specifica: l'obiettivo di questi sistemi è il miglioramento del processo decisionale attraverso il confronto dei vari punti di vista.

Prerequisito per arrivare alla definizione di una soluzione congiunta è la condivisione dell'ambiente da parte di tutti i componenti del gruppo: ciò significa partire dagli stessi obiettivi, avendo presenti gli stessi vincoli ed utilizzando strumenti e modelli di simulazione tra loro confrontabili. Dal punto di vista informatico questo si traduce nell'accesso a basi di dati e di informazioni comuni e nell'utilizzo degli stessi strumenti di progettazione e di supporto alle decisioni.

CONCLUSIONI

La conoscenza sulle potenzialità e sugli ambiti di applicazione dei sistemi di groupware si sta diffondendo sempre di più; la decisione di utilizzo di questi strumenti è invece spesso frenata dal fatto che contiene una contraddizione difficile da superare.

La complessità dei contesti aziendali a cui le soluzioni di groupware sono destinate sembrerebbe richiedere una preliminare analisi approfondita e dettagliata, prima di dar corso all'investimento; d'altro canto, analisi di questo tipo sono frequentemente più costose dell'acquisto dello stesso software di groupware e richiedono tempi lunghi, mentre una delle caratteristiche di questi sistemi è la velocità di adattamento al variare delle situazioni lavorative a cui pongono soluzione.

Inoltre un risparmio notevole in termini economici può essere sfruttato grazie ad alcuni prodotti "proprietari" a costi irragionevoli; questi stessi prodotti open source seguono peraltro la continua evoluzione del mercato e hanno alle spalle delle comunità di programmatori che partecipano con interesse allo sviluppo del prodotto stesso.

La diffusione dei primi sistemi di groupware ha mostrato che per realizzare una applicazione efficace non è necessario analizzare compiutamente la complessità del problema a cui si vuol dare soluzione; è fondamentale e sufficiente capire la natura del problema ed identificare le grandezze principali che ne determinano il risultato.

RIFERIMENTI BIBLIOGRAFICI

AGLEN, F. : "Awareness and Perception of Groupware", 1993

BOCK, G. : « What is Groupware, Anyway ? », 1993

ELLIS, C.A. et al. : "Groupware: Some issues and experiences", 1991

ELLIS, C.A. e NAFFAH, N. : "Design of Office Information Systems", 1987

FILIPPAZZI, F. e OCCHINI, G.: "Il computer – Capire e applicare l'informatica", 1990

HSU, J et al. : "Collaborative Computing", 1993

HUGHES, J. Et al.: « CSCW : Discipline or Paradigm ? A Sociological Perspective, 1991

KLING, R. : « Cooperation, Coordination and Control in Computer-Supported Work », 1991

KING, M. : « Designing for Cooperation : Cooperating in Design », 1991

MANZI, J. : "Working Toghether", 1992

NORMAN, D.A.: "Collaborative Computing: Collaboration First, Computing Second", 1991

RASH, W: "The Growth of Groupware", 1990

RASH, W: "Getting Bigger Groupware", 1990

ROGERS, T.: "Working Computing. What is it and Where is it going", 1993

BULLEN,C.V. : « Learning from User Experience with Groupware », 1990

COLE, P : « A Primer on Group Dynamics for Groupware Developers », 1992

DALLA VALLE, T. : « Groupware : One Experience », 1992

FLORES, F. : « Computer Systems and the Design of Organizational Interaction », 1988

FRONTCZAN, S. : « Distributed Computing and Organizational Change Enable Concurrent Engineering », 1991

GRONBER, K. « CSCW Challenges in Large-Scale Technical Projects : A Case Study », 1992

HELD, J. : « groupware in Investment Banking : Improving Revenue and Deal Flow », 1992

HOLT, A.W. : « Coordination system technology as the basis for a programming environment », 1983

HOLTHAM, C. : « Tha impact of Groupware on Your Corporate Culture », 1993

JARY, A. : « Workflow Experiences in a Newspaper Office », 1993

JOHNSON, B. : « Introducing Workgroup Technology : How to Build Momentum and Success », 1992

LYNNE MARKUS, M. : « Why CSCW Applications Fail : Problems in the Adoption of Interdipendent Work Tools », 1990

MAC INTOSH, D. : « Utilizing Groupware : BP,s Knowledge Networks Projects », 1992

MARMOLIN, H : « An Analysis of Design and Collaboration in a Distribuited Environment », 1991

NARAYANASWAMY, K. : « Lazy Consistency : A Basic for Cooperative Software Development », 1992

OPPER, S. : « Can Groupware Enhance Productivity and Offer Competitive Advantage ? », 1992

REDER, S. : « The Temporal Structure of Cooperative Activity », 1990

REEVES, B. : « Supporting Communication between Designers with

Artifact-Centered Evolving Information Spaces », 1992

SCHMIDT, K. : « Riding a Tiger, or Computer Supported Work », 1991

SHU, L. : « Groupware Experience in Three-Dimensional Computer-Aided Design », 1992

SHULTS, M. : « Groupware Applications Interoperability », 1992

STONE, D. : « Groupware in the Global Enterprise » , 1992

TILLEY, R.: "Groupware Implementation Strategy", 1993

VOELKSEN, G. : « Approach Strategies to Groupware : A User's Perspective », 1993

WACKER, S. : « Groupware in a Law Office : A Users's Experiences », 1992

WHITTIER, R.J. : « Supplying the Right Stuff for Groupware », 1992

BUTERA, F. : « Il castello e la rete », 1990

BUTERA, F.:"Nuove strutture flessibili per governare i processi", 1993

COBORRA, C.:"Tecnologie di coordinamento", 1989

DE MICHELIS, G.: "Computer Support for Cooperative Work", 1993

DOLAN, P. : « Groupware : Bureaucracy Buster or One More Expensive Layer ? », 1992

DYSON, E. : « A Framework for Groupware », 1992

ENGELBART, D.C. : « Toward High-Performance Organizations : A Strategic Role for Groupware », 1992

HIRSCHBERG, J. : « Using Groupware to Re-engineer Business Processes », 1993

JOHNSON-LENZ, P. : « Groupware is Computer-Mediated Culture : Some Keys to Using It Wisely », 1992

MARSHAK, R.T. : « The Groupware phenomenon », 1992

PETRE, D. : « Groupware : Evolution, Not Revolution », 1992